L'unione fa la Scorza... La Forza è! Guida alla Forza Individuale e all'Unione Consapevole per Creare un Futuro Positivo

Prefazione

Benvenuti in un viaggio di esplorazione interiore e collettiva, un percorso attraverso il potere della forza individuale e l'arte dell'unione consapevole. In questo libro, intitolato "L'unione fa la Scorza... La Forza è!", ci immergeremo in concetti profondi e trasformativi che mirano a illuminare il cammino verso un futuro positivo.

La filosofia chiave che guida questa esplorazione è incapsulata nel detto "L'unione fa la Scorza... La Forza è!" Una prospettiva che non solo sfida il concetto tradizionale di forza derivante dall'unità, ma rivela una verità più profonda: la forza risiede già dentro di noi. L'unità, quando guidata da principi positivi, diventa la "scorza" che protegge e preserva il futuro della creazione positiva.
Queste pagine sono un invito a esplorare la forza che risiede

dentro di voi, a fare scelte
illuminate che non solo plasmano
il vostro destino personale ma
contribuiscono al bene comune.
Ogni capitolo è un tassello di
conoscenza, un'opportunità di
riflessione e crescita.

Dal riconoscere la forza
individuale alla critica costruttiva
del detto popolare "L'unione fa la
forza," dall'approfondire il
concetto di forza come scelta
consapevole alla consapevolezza
dei pericoli dell'aggregazione
negativa, questo libro offre un
viaggio ricco di spunti per la
trasformazione personale e
collettiva.
Attraverso la bellezza dell'unione
positiva, l'analisi della mafia
mentale e delle emozioni
distruttive, e la difesa della forza
individuale contro le aggregazioni
negative, esploreremo come ogni
individuo può contribuire alla
creazione di una società più
positiva.

La trasformazione dell'energia negativa secondo la filosofia argentina, la creazione della "scorza" che protegge il futuro, e le strategie per difendersi dagli attacchi delle aggregazioni negative sono tappe fondamentali nel percorso proposto.

Concludiamo il nostro viaggio con un invito a riconoscere che la forza è un viaggio, non una destinazione. Ogni scelta, ogni azione contribuisce alla trama della nostra storia personale e collettiva. La forza è dentro di voi, pronta a guidarvi verso un futuro positivo.

Prendete questo libro non solo come una guida, ma come un compagno di viaggio. Che ogni pagina sia una fonte di ispirazione, una chiamata all'azione, e un ricordo che la forza è un dono intrinseco che, quando coltivato con consapevolezza, illumina il percorso verso un futuro di

crescita, prosperità e bene
comune.
Buon viaggio!

Federico Carminati

Autore

Capitolo 1: Introduzione - L'Arte della Forza Individuale

Nel vasto teatro della vita, ogni individuo è chiamato a interpretare il proprio ruolo con una forza unica e irripetibile. L'essenza di questa forza risiede nella consapevolezza di sé e nella capacità di fare scelte illuminate, trasformando così la propria esistenza in un'opera d'arte in continua evoluzione.

La Forza come Espressione Individuale:

In un mondo spesso caratterizzato dalla frenesia e dalle pressioni esterne, è fondamentale riconoscere il potenziale intrinseco che risiede in ciascun individuo. La forza individuale non è semplicemente una caratteristica, ma piuttosto un'opportunità di esprimere se stessi in modo unico e autentico.

È l'arte di plasmare il proprio destino attraverso scelte ponderate, azioni risolutive e risultati positivi.

Sviluppare la Forza Attraverso Scelte Consapevoli:

La forza individuale si nutre di scelte consapevoli. Ogni decisione, grande o piccola, è un pennello che dipinge il quadro della nostra esistenza. Nel riconoscere il potere delle nostre scelte, siamo in grado di dare forma al nostro percorso in modi che rispecchino la nostra autenticità e ci guidino verso una realizzazione più profonda.

L'Arte delle Azioni Risolutive:

Le azioni sono il mezzo attraverso il quale la forza individuale trova la sua espressione tangibile nel mondo. Affrontare le sfide con determinazione, perseguire obiettivi con passione e agire in modo risoluto sono i pennelli che creano i tratti distintivi della nostra opera d'arte personale. Ogni azione positiva contribuisce a un crescendo di forza che permea la nostra vita.

Risultati Positivi: La Manifestazione della Forza:

La forza individuale raggiunge il suo apice nei risultati positivi che generiamo. La realizzazione di obiettivi, la creazione di impatti significativi e la costruzione di relazioni salutari sono testimonianze tangibili della forza che scorre attraverso di noi. Questi risultati non solo arricchiscono la nostra vita, ma illuminano anche il cammino per gli altri.

L'Invito all'Arte della Forza Individuale:

Questo libro è un invito a intraprendere un viaggio di scoperta personale, a riconoscere la propria forza come una forma

d'arte in continua evoluzione.
Attraverso l'esplorazione di
concetti, storie ed esempi pratici,
ci immergeremo nella profondità
della consapevolezza individuale,
aprendo le porte alla creazione di
un capolavoro unico.

Prepariamoci a svelare i segreti
dell'arte della forza individuale,
perché ogni pagina di questo libro
sarà una tela bianca su cui
dipingere il nostro percorso unico
e irripetibile nella ricerca della
forza interiore.

Capitolo 2: L'Inganno del Detto Popolare: "L'unione fa la Forza"

Nell'ampio repertorio dei detti popolari che hanno plasmato la nostra percezione della realtà, pochi sono così radicati nella nostra cultura quanto l'antico adagio "L'unione fa la Forza". Tuttavia, dietro la sua apparente saggezza, si cela un inganno che può portare a risultati deleteri quando l'unione è priva di principi positivi e nobili.

La Visione Tradizionale: Un'Unione Nobile e Costruttiva:

Iniziamo col riconoscere il lato positivo di questo detto popolare. L'idea di unire le forze per affrontare sfide comuni, costruire comunità e lavorare insieme per il bene comune è intrinsecamente valida. Tuttavia, come ogni spada a doppio taglio, la forza dell'unione può essere distorta quando non è guidata da principi positivi.

L'Inganno dell'Aggregazione Negativa: Mafia Mentale ed Emozioni Distruttive:

L'unione non è automaticamente sinonimo di forza positiva. In molti contesti, l'aggregazione negativa può manifestarsi sotto forma di "mafia mentale", dove gruppi di individui si uniscono non per perseguire obiettivi nobili, ma per alimentare emozioni distruttive come l'invidia, la rabbia e la gelosia. In questo modo, l'unità diventa un'arma contro chi si distingue per la sua intelligenza o successo, creando una spirale negativa di comportamenti dannosi.

Il Rischio dell'Omologazione: Rinunciare all'Individualità:

Un'altra trappola insidiosa dell'unione non guidata da principi positivi è l'omologazione.

Quando gli individui si uniscono senza mantenere la propria individualità e autonomia di pensiero, il risultato può essere la perdita dell'unicità che li caratterizza. Questo fenomeno può portare a una sorta di "pensiero di gruppo" che sopprime la creatività e l'innovazione.

Lezione dall'Evil Union: Quando l'Unità è Distruttiva:

Esaminiamo da vicino esempi storici e contemporanei in cui l'unione è stata utilizzata come strumento di distruzione. Dalle sette di pensiero unico alle organizzazioni criminali, tali casi dimostrano come l'unione senza principi positivi possa diventare una forza oscuro, in grado di minare la stabilità e il benessere.

**La Nuova Interpretazione:
Guidare l'Unione con Principi
Nobili:**

Dobbiamo riscrivere il detto
popolare per adattarlo a una
visione più completa e positiva:
"L'unione fa la Scorza... La Forza
è!" Questo suggerisce che la
forza è già presente in ogni
individuo, e l'unione può diventare
una scorza protettiva quando è
guidata da principi nobili.
L'unione deve essere un'arma per
il bene, non per il male.

**Guida alla Riflessione: La Forza
Individuale come Precondizione
all'Unione:**

Concludiamo il capitolo invitando
i lettori a riflettere sulla loro forza
individuale prima di cercare
l'unione con gli altri. Solo individui
consapevoli della propria forza
possono contribuire a un'unione
positiva e costruttiva. La forza
individuale deve precedere e
guidare l'unione, creando così

una base solida per la creazione
di un mondo migliore.

In questo capitolo, abbiamo
scrutato oltre la superficie
dell'adagio popolare, rivelando le
sfumature oscure di un'unità non
guidata da principi nobili. La vera
forza non risiede solo nell'unione,
ma nella consapevolezza e nella
guida di principi positivi che
possono trasformare
l'aggregazione in una forza
costruttiva e benefica per tutti.

Capitolo 3: La Forza come Scelta Consapevole: Il Potere della Consapevolezza

La vera forza, quella che permea ogni aspetto della nostra esistenza, risiede nell'illuminazione della consapevolezza. In questo capitolo, esploreremo come la consapevolezza di sé sia il fondamento su cui si erige la forza individuale, trasformando le scelte quotidiane in un'opera d'arte che incide il percorso della nostra vita.

La Consapevolezza come Chiave di Lettura dell'Esistenza:

Immaginiamo la consapevolezza come una luce penetrante che dissipa le ombre dell'ignoranza. Essa ci permette di guardare dentro di noi, di comprendere i nostri pensieri, le nostre emozioni e le nostre azioni con una chiarezza che va oltre la superficie. La consapevolezza è la chiave di lettura dell'esistenza, un faro che illumina ogni angolo del nostro essere.

Riconoscere la Propria Forza Interiore:

La consapevolezza di sé è il primo passo per riconoscere la forza che risiede in ognuno di noi. È la capacità di osservare senza giudicare, di accettare le nostre debolezze e, allo stesso tempo, di riconoscere le nostre potenzialità latenti. Quando diventiamo consapevoli della nostra forza interiore, possiamo iniziare a plasmare il nostro destino con scelte illuminate.

Scegliere con Intenzione: L'Arte delle Scelte Illuminate:

La forza non è solo una caratteristica statica; è dinamica, si manifesta attraverso le scelte che facciamo ogni giorno. Le scelte illuminate sono quelle fatte con intenzione e consapevolezza. Invece di agire in modo impulsivo o reattivo, ci avviciniamo alle decisioni con un'attenzione ponderata, considerando le conseguenze e l'impatto sulla nostra vita e su quella degli altri.

La Forza della Resilienza: Accettare e Crescere:

La consapevolezza ci conferisce la capacità di affrontare le sfide con resilienza. Quando comprendiamo appieno le nostre capacità e le nostre limitazioni, siamo in grado di accettare le avversità senza soccombere. La resilienza è una manifestazione tangibile della forza interiore, poiché ci consente di trasformare le prove della vita in opportunità di crescita.

L'Autenticità come Manifestazione della Forza:

La consapevolezza ci guida anche verso l'autenticità. Essere veri con noi stessi richiede una profonda consapevolezza delle nostre convinzioni, valori e aspirazioni. Quando viviamo in armonia con la nostra autenticità, diventiamo una forza irresistibile che influenza positivamente gli altri e il mondo che ci circonda.

Praticare la Mindfulness: L'Allenamento della Forza Interiore:

La consapevolezza può essere coltivata attraverso la pratica della mindfulness. Essa ci insegna a vivere nel momento presente, a essere consapevoli delle nostre esperienze senza essere travolti dal passato o preoccupati per il futuro. La mindfulness è un allenamento per la forza interiore, che ci aiuta a mantenere la calma, la chiarezza e la saggezza nelle situazioni più complesse.

Conclusione: Illuminare il Cammino della Forza:

In conclusione, la forza individuale trova la sua radice nella consapevolezza di sé. Questo capitolo è un invito a esplorare il potere della consapevolezza, a riconoscere la forza interiore che già risiede in ciascuno di noi. Soltanto attraverso scelte illuminate, fatte con intenzione e consapevolezza, possiamo trasformare la nostra vita in un capolavoro in continua evoluzione, alimentato dalla luce brillante della nostra forza interiore.

Capitolo 4: Il Pericolo dell'Aggregazione Negativa: Mafia Mentale ed Emozioni Distruttive

Nell'analizzare l'aggregazione negativa, entriamo in un territorio intricato e spesso oscuro, dove le connessioni tra individui possono trasformarsi in una forza distruttiva. In questo capitolo, esamineremo attentamente come l'aggregazione negativa, alimentata da emozioni distruttive, possa dare vita a comportamenti dannosi, portando alla formazione di quella che possiamo definire una "mafia mentale".

La Formazione della Mafia Mentale: Un Patto Oscuro:

L'aggregazione negativa inizia con individui che condividono emozioni negative come invidia, rabbia o risentimento. Queste emozioni diventano il collante che tiene insieme il gruppo, formando una "mafia mentale". In questo patto oscuro, gli individui convergono per perseguire un obiettivo comune: danneggiare, sopprimere o distruggere qualcuno o qualcosa che percepiscono come una minaccia.

Emozioni Distruttive come Carburante:

Le emozioni distruttive, come invidia e rabbia, agiscono come carburante per l'aggregazione negativa. L'invidia può trasformarsi in un desiderio malato di ridurre gli altri, mentre la rabbia diventa un catalizzatore per azioni vendicative. Queste emozioni, quando coltivate collettivamente, alimentano la macchina della "mafia mentale", rendendola sempre più potente nel perseguire i suoi obiettivi distruttivi.

Il Ciclo Vizioso della Mente Collettiva:

L'aggregazione negativa crea un ciclo vizioso all'interno della "mafia mentale". Gli individui condividono e rafforzano le loro emozioni distruttive attraverso la comunicazione e l'interazione costante. Il gruppo diventa un terreno fertile per la coltivazione di idee e piani malevoli, alimentando ulteriormente il ciclo distruttivo.

La Risonanza delle Emozioni Negative:

L'aggregazione negativa crea una risonanza di emozioni negative all'interno del gruppo. Le emozioni si intensificano attraverso il feedback reciproco, trasformandosi in una forza dirompente che guida le azioni del collettivo. La mente collettiva si alimenta di queste emozioni, spingendo il gruppo verso

comportamenti sempre più
dannosi.

Il Ruolo dell'Identità di Gruppo:

L'identità di gruppo all'interno
della "mafia mentale" diventa una
componente chiave. Gli individui
rinforzano la loro appartenenza al
gruppo, identificandosi sempre di
più con l'obiettivo comune.
Questa identità di gruppo può
sovrastare l'individualità,
conducendo a una cecità
collettiva di fronte alle
conseguenze morali delle proprie
azioni.

Le Conseguenze
dell'Aggregazione Negativa:
Distruzione e Sofferenza:

L'aggregazione negativa, quando
si evolve in una "mafia mentale",
porta inevitabilmente a
conseguenze distruttive.
L'obiettivo comune del gruppo
può manifestarsi attraverso azioni
dannose nei confronti di individui,

organizzazioni o idee considerate ostili. Queste azioni possono causare sofferenza, distruggere reputazioni e mettere a rischio la stabilità sociale.

Strategie di Difesa: Rompere il Ciclo dell'Aggregazione Negativa:

Concludiamo esplorando strategie di difesa contro l'aggregazione negativa. Queste strategie includono la promozione della consapevolezza individuale delle emozioni, l'educazione sulla gestione delle emozioni distruttive e la creazione di comunità basate su valori positivi. Rompere il ciclo dell'aggregazione negativa richiede un impegno collettivo per promuovere la consapevolezza e costruire una cultura di rispetto reciproco.

In questo capitolo, abbiamo sondato le profondità del pericolo associato all'aggregazione negativa, evidenziando come emozioni distruttive e l'identità di gruppo possono confluire in comportamenti dannosi. Capire questa dinamica complessa è fondamentale per sviluppare difese efficaci e promuovere una società basata sulla cooperazione positiva anziché sulla distruzione reciproca.

Capitolo 5: La Bellezza dell'Unione Positiva: Scelte Nobili e Obiettivi Comuni

In un mondo spesso caratterizzato da tensioni e conflitti, l'aspetto positivo dell'aggregazione emerge quando è guidato da valori nobili e obiettivi comuni. In questo capitolo, esploreremo la bellezza dell'unione positiva, analizzando come scelte illuminate e intenti altruistici possano plasmare un futuro basato sulla cooperazione, contribuendo al bene comune.

La Guida dei Valori Nobili:

L'unione positiva inizia con la guida di valori nobili. Quando gli individui si uniscono con il rispetto, l'integrità e l'empatia come fondamenta, l'aggregazione diventa un veicolo per il progresso e la crescita. La bellezza dell'unione risiede nella costruzione di relazioni fondate sulla fiducia reciproca e la condivisione di principi etici.

Scelte Illuminate: Un'Arte in Evoluzione:

L'unione positiva si manifesta attraverso scelte illuminate, dove ogni decisione è intrisa di consapevolezza e responsabilità. Le scelte illuminate riflettono la bellezza di individui che, pur mantenendo la propria individualità, collaborano per il bene comune. Ogni scelta diventa un'opera d'arte in evoluzione, plasmata dalla consapevolezza dell'impatto sulla comunità e sul mondo.

L'Armonia degli Obiettivi Comuni:

La bellezza dell'unione positiva si espande quando gli individui convergono verso obiettivi comuni. Questi obiettivi non sono

egoistici o limitati al singolo individuo, ma piuttosto mirano al miglioramento collettivo.
L'armonia degli obiettivi comuni crea una sinfonia di azioni coordinate che contribuiscono al bene comune, elevando la qualità della vita per tutti.

La Bellezza del Contributo Altruistico:

L'unione positiva trova la sua massima espressione nel contributo altruistico. Quando gli individui si uniscono per servire gli altri senza aspettarsi nulla in cambio, si apre la strada a una bellezza profonda e significativa. Questo spirito altruistico crea un tessuto sociale in cui la gentilezza, la solidarietà e la compassione diventano le stelle guida.

**Il Beneficio Collettivo: Un
Messaggio di Speranza:**

L'unione positiva crea un circolo
virtuoso di benefici collettivi.
Quando gli individui si uniscono
per perseguire obiettivi positivi, i
risultati si riflettono in un
miglioramento tangibile della
qualità della vita per tutti. Questo
è un messaggio di speranza che
indica la possibilità di costruire un
futuro in cui l'aggregazione è
sinonimo di progresso e
benessere.

**La Forza della Diversità
nell'Unione Positiva:**

Esploriamo come la diversità,
quando abbracciata
positivamente, diventi una forza
nell'unione. La bellezza
dell'aggregazione positiva si
manifesta pienamente quando
individui con prospettive diverse
si uniscono, portando una
ricchezza di idee, culture e
competenze. Questa diversità

diventa la linfa vitale che alimenta l'innovazione e l'evoluzione.

Sfide e Strategie per un'Unione Positiva Duratura:

Affrontiamo le sfide che possono emergere anche nell'unione positiva e proponiamo strategie per superarle. La consapevolezza delle sfide potenziali, come la gestione dei conflitti e la preservazione dell'individualità, è fondamentale per garantire una duratura e significativa unione positiva.

Conclusioni: La Bellezza di un Mondo Unito per il Bene Comune:

Concludiamo questo capitolo aprendo una finestra sulla bellezza di un mondo in cui l'unione è guidata da scelte nobili e obiettivi comuni. La bellezza risiede nell'arte di creare un futuro in cui l'aggregazione positiva è un faro di speranza, un'opportunità

di costruire un mondo migliore
per le generazioni presenti e
future.

Attraverso l'esplorazione della
bellezza dell'unione positiva, ci
avviciniamo a un quadro di
convivenza basato sulla
cooperazione, sull'amore e
sull'altruismo, dove la forza
dell'aggregazione diventa una
forza per il bene comune.

Capitolo 6: La Difesa della Forza Individuale: Resistere all'Aggregazione Negativa

Nel percorso della vita, gli individui si trovano spesso di fronte a sfide provenienti da aggregazioni negative. In questo capitolo, esploreremo strategie per la difesa della forza individuale, fornendo agli individui buoni gli strumenti necessari per resistere agli attacchi delle aggregazioni negative e trasformare l'energia negativa in una forza positiva.

Comprendere le Dinamiche dell'Aggregazione Negativa:

Il primo passo nella difesa della forza individuale è la comprensione delle dinamiche dell'aggregazione negativa.

Analizzeremo come gli individui malintenzionati si uniscono per perseguire obiettivi dannosi e come queste aggregazioni possono influenzare negativamente la vita degli individui positivi. La consapevolezza è la base sulla quale costruire una difesa efficace.

Rafforzare la Forza Interiore:

La difesa della forza individuale inizia con il rafforzamento della forza interiore. Gli individui buoni devono coltivare una consapevolezza approfondita delle proprie abilità, valori e obiettivi. Questo processo di autoconoscenza fornisce una solida base sulla quale resistere alle influenze negative esterne, mantenendo salda la propria identità e integrità.

Sviluppare una Mentalità Resiliente:

La resilienza è una delle armi più potenti nella difesa contro l'aggregazione negativa. Esploreremo come sviluppare una mentalità resiliente che permetta agli individui di affrontare le sfide senza soccombere. La resilienza aiuta a trasformare le difficoltà in opportunità di crescita, mantenendo la forza individuale intatta anche nei momenti più difficili.

Gestire le Emozioni Negative: Trasformare l'Energia:

Le emozioni negative possono essere come frecce lanciate da aggregazioni negative. Esamineremo strategie per gestire queste emozioni in modo sano e trasformativo. La trasformazione dell'energia negativa in positiva è un atto di resistenza e autodifesa che permette agli individui buoni

di mantenere la propria chiarezza
mentale e la forza d'animo.

**Saper Dire No: Imporre Limiti
Salutari:**

La difesa della forza individuale
richiede la capacità di dire no
quando necessario. Esploriamo
l'arte di imporre limiti salutari,
riconoscendo quando una
partecipazione a un'aggregazione
potrebbe essere dannosa.
Imporre confini chiari è essenziale
per preservare la propria integrità
e proteggere la forza individuale.

**Cercare il Supporto Positivo:
Costruire Alleanze Salutari:**

La forza individuale trova
sostegno nell'aggregazione
positiva. Esamineremo come
cercare il supporto di individui
positivi e costruire alleanze
salutari possa fortificare la
resistenza contro le aggregazioni
negative. L'unione con persone
che condividono valori simili crea

uno scudo protettivo contro le influenze dannose.

Educarsi sulle Tattiche Manipolative: Essere Vigili e Preparati:

La difesa efficace richiede la conoscenza delle tattiche manipolative utilizzate dalle aggregazioni negative. Gli individui buoni devono essere vigilanti e preparati, educandosi sulle strategie manipolative che potrebbero essere adottate. La consapevolezza è la prima linea di difesa contro gli attacchi che cercano di minare la forza individuale.

Coltivare la Compassione come Scudo:

La compassione è un potente scudo contro l'aggressione delle aggregazioni negative. Esploriamo come coltivare la compassione verso se stessi e gli altri possa neutralizzare l'energia negativa, trasformandola in un motore di connessione e guarigione. La compassione è una forza che eleva la forza individuale, rendendola immune alle intenzioni negative.

Conclusioni: Una Difesa Vigile per la Forza Individuale:

In conclusione, la difesa della forza individuale è un processo continuo e consapevole. Gli individui buoni devono essere vigili, preparati e impegnati nel coltivare una forza che sia al riparo dalle influenze dannose. Questo capitolo offre un'arsenale di strategie per resistere all'aggregazione negativa e trasformare le sfide in opportunità di crescita e affermazione della propria forza individuale.

Capitolo 7: La Trasformazione dell'Energia Negativa: Algo malo, in algo bueno

Nella cultura argentina, c'è una filosofia potente e intrisa di saggezza che dice "Algo malo, in algo bueno," che si traduce in "Qualcosa di cattivo, in qualcosa di buono." In questo capitolo, esploreremo profondamente questa filosofia e come la trasformazione dell'energia negativa può portare a vittorie a lungo termine. Scopriremo le strategie per adottare questo approccio nella vita di tutti i giorni.

Comprendere l'Essenza di "Algo malo, in algo bueno":

Il nucleo di questa filosofia risiede nella capacità di trasformare le

esperienze negative in
opportunità di crescita e
cambiamento positivo.
Cominciamo con una disamina
dettagliata di come la prospettiva
argentina possa informare le
nostre azioni quotidiane,
spingendoci a vedere al di là delle
avversità iniziali.

**La Forza della Prospettiva
Ottimistica:**

La prospettiva ottimistica è il
punto di partenza cruciale nella
trasformazione dell'energia
negativa. Esaminiamo come
sviluppare un atteggiamento che,
anche di fronte alle sfide, vede il
potenziale per qualcosa di
positivo. Questo non significa
negare la realtà, ma piuttosto
adottare un filtro che ci permette
di estrarre insegnamenti positivi
dalle situazioni difficili.

La Creatività nell'Affrontare le Avversità:

Esploriamo come la creatività possa essere una risorsa preziosa nella trasformazione dell'energia negativa. L'approccio creativo ci consente di trovare soluzioni innovative ai problemi, trasformando gli ostacoli in opportunità. La creatività diventa così un alleato potente nel processo di trasformazione.

La Resilienza come Fondamento della Trasformazione:

La resilienza è un elemento chiave nell'affrontare l'energia negativa e trasformarla in qualcosa di positivo. Analizziamo come sviluppare la resilienza sia essenziale per superare le avversità e come questo atteggiamento possa portare a vittorie a lungo termine. La resilienza è la flessibilità che ci

permette di piegarci, ma non
spezzarci di fronte alle difficoltà.

Il Potere della Riflessione:

La filosofia argentina suggerisce
che riflettere sulle esperienze
negative è un passo
fondamentale nella
trasformazione dell'energia.
Esploriamo come la riflessione
profonda sulle circostanze difficili
ci possa aiutare a comprendere
meglio noi stessi, ad apprezzare
le lezioni apprese e a trarre
vantaggio dalle sfide.

La Visione a Lungo Termine:

Una delle caratteristiche più
potenti di "Algo malo, in algo
bueno" è la sua connessione con
una visione a lungo termine.
Analizziamo come questa
prospettiva possa guidare le
nostre azioni quotidiane,
spingendoci a non concentrarci
solo sulla sconfitta immediata, ma
piuttosto sulla vittoria a lungo

termine che può emergere dalla trasformazione dell'energia negativa.

Strategie Concrete per la Trasformazione:

Offriamo strategie concrete per implementare la filosofia argentina nella vita quotidiana. Queste strategie includono pratiche di mindfulness, tecniche di gestione dello stress e l'adozione di un approccio proattivo nel cercare opportunità di crescita anche nelle situazioni più difficili.

Storie di Successo: Trasformazioni Ispiratrici:

Concludiamo il capitolo con storie di successo che illustrano come individui abbiano trasformato situazioni apparentemente negative in risultati positivi. Queste storie servono da ispirazione, dimostrando il potenziale trasformativo della

filosofia "Algo malo, in algo bueno."
Attraverso la profonda esplorazione della filosofia argentina, impariamo che la trasformazione dell'energia negativa richiede una prospettiva aperta, creatività, resilienza e una visione a lungo termine. Questo approccio non solo ci aiuta a superare le avversità, ma ci guida anche verso vittorie durature che sorgono dall'atto stesso di trasformare l'energia negativa in qualcosa di buono.

Capitolo 8: La Creazione della Scorza: Proteggere il Futuro della Creazione Positiva

Entriamo ora nella fase cruciale della nostra esplorazione, in cui affronteremo la questione di come gli individui consapevoli della forza possano unirsi per creare una "scorza" protettiva, salvaguardando così il futuro della loro creazione positiva. Esamineremo come questa "scorza" possa fungere da baluardo contro influenze negative e preservare l'impatto positivo delle azioni collettive.

La Consapevolezza della Forza Individuale:

Iniziamo con l'importanza della consapevolezza della forza individuale. Gli individui devono riconoscere e abbracciare la loro forza intrinseca, comprendendo come le loro scelte, azioni e risultati impattino non solo sulla propria vita ma anche sul tessuto sociale più ampio. Questa consapevolezza costituisce il fondamento su cui costruire la "scorza" protettiva.

L'Unione consapevole per Obiettivi Nobili:

L'aggregazione consapevole deve essere guidata da obiettivi nobili. Esploriamo come gli individui consapevoli della forza possano unirsi in modo deliberato, selezionando partner di aggregazione con cura e condividendo una visione comune. Questa unione consapevole è il primo strato della "scorza" che proteggerà la creazione positiva.

La Condivisione di Principi Etici:

La "scorza" protettiva è rinforzata dalla condivisione di principi etici solidi. Gli individui devono impegnarsi a seguire valori come l'integrità, la gentilezza e la responsabilità. Questi principi diventano il cemento che tiene insieme la "scorza" e ne assicura la resistenza alle pressioni negative esterne.

La Comunicazione Aperta e Costruttiva:

Esaminiamo il ruolo cruciale della comunicazione aperta e costruttiva all'interno della "scorza" protettiva. Gli individui devono essere in grado di esprimere idee, preoccupazioni e obiettivi in modo chiaro e rispettoso. Una comunicazione efficace è un elemento chiave per la costruzione di una "scorza" forte e resiliente.

Il Culto della Resilienza Collettiva:

La resilienza collettiva è un elemento fondamentale nella protezione del futuro della creazione positiva. Esploriamo come gli individui all'interno della "scorza" possano sostenersi a vicenda nei momenti di difficoltà, condividendo le lezioni apprese e trasformando le sfide in opportunità di crescita. La resilienza collettiva è il tessuto connettivo che mantiene la "scorza" integra.

Adattabilità alla Complessità del Contesto:

La creazione della "scorza" deve essere adattabile alla complessità del contesto circostante. Gli individui devono essere in grado di rivedere e adattare le loro strategie di protezione in risposta ai cambiamenti e alle nuove sfide. L'adattabilità è un elemento chiave per garantire che la "scorza" rimanga efficace nel tempo.

La Valorizzazione della Diversità:

Esploriamo come la valorizzazione della diversità possa contribuire alla solidità della "scorza". La diversità di prospettive, competenze e esperienze arricchisce la "scorza", rendendola più resistente e in grado di affrontare una varietà di situazioni. La valorizzazione della diversità è un investimento nella robustezza della protezione.

Sostenibilità nel Tempo:

La "scorza" deve essere sostenibile nel tempo. Gli individui consapevoli della forza devono impegnarsi a mantenere e rafforzare la "scorza" attraverso il tempo, garantendo che continui a proteggere la creazione positiva nel lungo periodo. Questo richiede un impegno costante e una vigilanza condivisa.

Il Contributo Positivo alla Società:

Infine, esploriamo come la "scorza" possa non solo proteggere la creazione positiva degli individui coinvolti ma anche contribuire positivamente alla società più ampia. La "scorza" può diventare un faro di ispirazione, dimostrando come l'unione consapevole possa portare a risultati duraturi e benefici diffusi.

Conclusioni: La "Scorza" Come Custode del Bene Comune:

Concludiamo questo capitolo riflettendo sulla "scorza" come un elemento custode del bene comune. La creazione e il mantenimento di questa "scorza" richiedono impegno, consapevolezza e azioni collettive. Quando gli individui

consapevoli della forza si
uniscono per costruire questa
"scorza", diventano i custodi

Capitolo 9:
Conclusioni: La Forza
è Dentro di Te

Arriviamo al cuore del nostro viaggio, dove consolidiamo i concetti fondamentali e ispiriamo i lettori a riconoscere e coltivare la forza che risiede dentro di loro. In questa fase finale, esamineremo come ogni individuo possa fare scelte che contribuiscano al bene comune, plasmando così un futuro positivo.

Riassunto dei Concetti Chiave:

- *Forza Individuale Consapevole:* Abbiamo esplorato la forza individuale come risultato di scelte, azioni e risultati positivi, sottolineando l'importanza della consapevolezza di sé e della capacità di fare scelte illuminate.

- *L'Inganno del Detto Popolare:* Abbiamo criticamente esaminato il detto "L'unione fa la forza," riconoscendo che l'aggregazione deve avvenire in contesti positivi e guidata da obiettivi nobili per evitare conseguenze negative.

- *Forza come Scelta Consapevole:* Abbiamo approfondito il concetto che la vera forza risiede nella consapevolezza di sé e nella capacità di fare scelte consapevoli, illuminando così la via per una forza autentica.

- *Pericolo dell'Aggregazione Negativa:* Abbiamo analizzato come l'aggregazione negativa possa condurre a comportamenti distruttivi, come la mafia mentale e emozioni negative, sottolineando la necessità di difendersi da tali influenze.

- *Bellezza dell'Unione Positiva:* Abbiamo esplorato come l'unione guidata da valori nobili e obiettivi comuni possa essere positiva, contribuendo al bene comune e creando una "scorza" che protegge la creazione positiva.

- *Difesa della Forza Individuale:* Abbiamo offerto strategie per difendersi dagli attacchi delle aggregazioni negative, trasformando l'energia negativa in positiva e mantenendo la forza individuale intatta.

- *Trasformazione dell'Energia Negativa:* Abbiamo approfondito la filosofia argentina di trasformare l'energia negativa in positiva, esplorando come questo approccio possa portare a vittorie a lungo termine.

- *Creazione della Scorza:* Abbiamo discusso di come gli individui consapevoli della forza possano unirsi per creare una "scorza" che protegge il futuro della loro creazione positiva, esaminando i principi fondamentali per la sua costruzione.

Incoraggiare la Scoperta della Forza Interiore:

La conclusione di questo viaggio è un invito a ogni lettore a esplorare la forza dentro di sé. La forza non è un dono riservato a pochi, ma un potenziale intrinseco in ognuno di noi. Incoraggiamo i lettori a scrutare dentro di sé, a riconoscere le proprie capacità, a

fare scelte illuminate e a
perseguire risultati positivi.

**Fare Scelte che Contribuiscano
al Bene Comune:**

La forza individuale prende
significato quando le nostre azioni
contribuiscono al bene comune.
Ogni scelta, grande o piccola, ha
un impatto. Incoraggiamo i lettori
a considerare come le loro azioni
quotidiane possano essere un
contributo positivo al mondo che
li circonda.

Sostenere e Ispirare gli Altri:

La forza individuale può essere
contagiosa. Incoraggiamo i lettori
a condividere la loro forza con gli
altri, a sostenere coloro che ne
hanno bisogno e a essere fonte di
ispirazione. In questo modo, la
forza si diffonde, creando una rete
di positività che abbraccia la
comunità più ampia.

Coltivare la Consapevolezza e la Resilienza:

La consapevolezza di sé e la resilienza sono le chiavi per mantenere e coltivare la forza interiore. Invitiamo i lettori a praticare la consapevolezza, ad affrontare le sfide con resilienza e a imparare dalle esperienze, plasmando così una forza che cresce nel tempo.

La Forza è un Viaggio, Non una Destinazione:

Ricordiamo ai lettori che la forza è un viaggio continuo, non una destinazione. Ogni giorno offre nuove opportunità per sviluppare la forza interiore e contribuire al bene comune. Siamo gli autori della nostra storia, e la forza è la penna con cui scriviamo il nostro cammino.

Un Invito a Essere Agenti di Cambiamento Positivo:

Concludiamo questo capitolo e il nostro libro con un invito a essere agenti di cambiamento positivo. Ogni scelta, ogni azione può essere un passo verso un futuro migliore. Che ogni lettore si senta chiamato a esplorare la forza dentro di sé e a contribuire al bene comune, diventando così un faro luminoso nella vastità dell'universo che tutti condividiamo. La forza è dentro di te, pronta a illuminare il tuo cammino.

Conclusione: Illuminare il Cammino della Forza

Siamo giunti alla fine di questo viaggio attraverso la forza individuale e l'unione consapevole. In queste pagine, abbiamo esplorato la profonda verità che "L'unione fa la Scorza... La Forza è!" e scoperto come ognuno di noi possieda il potenziale di contribuire a un futuro positivo.

Il Potere della Vostra Forza Interiore:

Ricordate sempre che la forza è un dono intrinseco, una luce che risiede dentro di voi. Ogni scelta, ogni azione può essere guidata da questa forza interiore, plasmando il vostro cammino personale.

La Bellezza dell'Unione Positiva:

Abbiamo esplorato come l'unione possa essere una forza positiva quando guidata da valori nobili. La "scorza" che si crea attraverso questa unione diventa la custode del bene comune, proteggendo il futuro della nostra creazione positiva.

Difendersi e Trasformare:

Hai imparato a difenderti dagli attacchi delle aggregazioni negative, trasformando l'energia negativa in un motore di cambiamento positivo. Questa capacità di trasformazione è una delle tue più grandi forze.

Chiamata all'Azione:

Ora, la chiamata all'azione è per voi. Riflettete su ciò che avete

appreso e integrate questi
concetti nella vostra vita
quotidiana. Siate consapevoli
delle vostre scelte, unitevi a
coloro che condividono valori
nobili, e contribuite al bene
comune.

Il viaggio della forza è un percorso
continuo. Siate gli architetti del
vostro destino e agenti di
cambiamento positivo nella
società. Ogni passo che compiete
è un contributo al tessuto più
ampio del bene comune.

La Forza è Dentro di Voi:

Infine, ricordate sempre che la
forza è dentro di voi. Siate
ispirazione per gli altri, diffondete
la luce della vostra forza
individuale, e contribuite a creare
un futuro in cui ognuno possa
prosperare.
Grazie per essere stati compagni
in questo viaggio. Che la forza sia
sempre il vostro faro, illuminando

il cammino della vostra vita e
ispirando gli altri a fare lo stesso.
Il vostro viaggio continua. La forza
è dentro di voi. Avanti con
coraggio!

Federico Carminati